Dr. Setondji Gilles Natachar GLELE

Le discipolat et l'école des disciples de Jésus-Christ

Dr. Setondji Gilles Natachar GLELE

Le discipolat et l'école des disciples de Jésus-Christ

Éditions Croix du Salut

Imprint
Any brand names and product names mentioned in this book are subject to trademark, brand or patent protection and are trademarks or registered trademarks of their respective holders. The use of brand names, product names, common names, trade names, product descriptions etc. even without a particular marking in this work is in no way to be construed to mean that such names may be regarded as unrestricted in respect of trademark and brand protection legislation and could thus be used by anyone.

Cover image: www.ingimage.com

Publisher:
Éditions Croix du Salut
is a trademark of
Dodo Books Indian Ocean Ltd. and OmniScriptum S.R.L publishing group

120 High Road, East Finchley, London, N2 9ED, United Kingdom
Str. Armeneasca 28/1, office 1, Chisinau MD-2012, Republic of Moldova, Europe
Printed at: see last page
ISBN: 978-620-6-16830-0

PREFACE

Je dédie ce livre à toute personne, quel que soit sa race ; son sexe ; sa nationalité ou ses convictions cultuelles et culturelles, nourrissant l'appétit d'élargir sa connaissance sur des sujets relatifs à la vérité biblique et est animée du désir curieux d'expérimenter la véritable liberté par le moyen de la connaissance de la vérité.

Je prie que le Saint-Esprit vous rencontre pendant que vous lisez ce livre. Qu'il comble votre attente et que vous ne soyez plus jamais la même personne après cette aventure littéraire..

Nous bénissons Dieu qui a souverainement élevé son Fils unique, notre seigneur et sauveur personnel, par qui nous recevons la grâce d'avoir part à l'héritage des saints dans la lumière ; l'Esprit de sagesse et de révélation dans sa connaissance par lequel, nous sommes scellés pour le jour de la rédemption.

Nous nous unissons à vous pour une marche objective et fructueuse à la découverte de la compréhension selon le cœur de Dieu sur les informations relatives à la connaissance sur le discipolat et l'école des disciples de Jésus-Christ.

Pendant que j'écrivais ce livre, c'était comme si vous et moi, lors d'une balade, parlions face à face.

Je peux vous assurer que le contenu de ce livre est très efficace et éclaireur, de sorte qu'en le lisant simplement d'un bout à l'autre, le cœur ouvert et sincère, vous serez vraiment délivré de votre ignorance relative au cafouillage qui entoure les multiples interprétations que font objet les saintes écritures de nos jours.

Que vous soyez : Catholique ; protestant ; pentecôtiste ou ayant tout simplement la Bible en partage ;

Sachez que cet ouvrage vient à point nommé en réponse aux exigences des derniers temps que nous traversons dans la marche annonciatrice de l'œuvre du Seigneur Jésus Christ et de son avènement pour le festin royal des justes.

Nous profitons de l'occasion pour vous informer que les gens sont incontestablement semblables dans le monde. Ils vivent d'une manière ou d'une autre les mêmes réalités. Ils ont autant que vous, besoin de connaitre ; de comprendre et recherchent à tort ou à raison la même vérité.

C'est pourquoi les œuvres de cette édition, paraissent telle une denrée rare qu'il faudra à tout prix se procurer.

Sommaire :

Introduction

Nous bénissons le Dieu tout puissant, l'Eternel des armées, celui qui peut tout même au delà de nos attentes et espérances, lui qui de nouveau, nous a fait la grâce d'être des plumes allouées à son service pour porter à la face du monde en général et les croyants en particulier sa définition de certains concepts bibliques dont la bonne compréhension reste nécessaire et très importante pour une bonne collaboration au sein des croyants et l'atteinte des différents objectifs liés au ministère apostolique.

C'est encore une opportunité, un privilège pour nous d'être gracieusement choisis comme des canaux mis à part par les soins de notre seigneur et sauveur Jésus-Christ pour des occasions comme celles-ci afin de servir au prolongement de bras de salut de l'Eternel au profit de ceux qui sont destinés à prendre part à l'héritage des saints dans la lumière.

Nous aurons à cet effet, le privilège de présenter au travers de cet ouvrage l'essentiel de ce qu'il y a lieu de savoir sur certains concepts bibliques comme, le disciple ; le discipolat en réponse aux multiples vents doctrinaux qui n'arrêtent de secouer les appelés du seigneur Jésus-Christ et les conduire dans de nouveaux liens d'esclavage au lieu de les libérer et les affranchir de la servitude mondaine et religieuse.

C'est pourquoi, nous ne menagerons aucun effort pour aller dans les détails de tout ce qui paraît nécessaire de savoir et qui est inspiré du Seigneur pour libérer les consciences maintenues toujours captives de la grande ignorance relative aux conséquences du défaut d'une véritable conversion envers Dieu et de la peur de s'abandonner complètement à l'appel évangélique reçu pour une nouvelle vie paisible plus prometteuse, sans s'inquiéter de quoique ce soit des agitations du diable et des démons.

Nous ne manquerons point d'aborder aussi les différents aspects mondains et religieux dans le discipolat encore qu'il revêt aussi un caractère écolier lequel nécessite autant que le terme de base même, un véritable centre de réflexion, et celà pour l'intérêt des uns et des autres.

Ce sera ainsi notre note d'introduction, et nous allons sans plus tarder commencer par aborder progressivement chacune des principales lignes de notre développement.

Chapitre : 1

Définitions diverses

Discipolat :

Il faut entendre par discipolat, l'ensemble des principes ; des règles ; des habitudes et aptitudes ; des informations destinés à un programme de formation dans le but de discipliner une âme vivante, dont l'être humain en particulier.

Le discipolat peut être défini comme l'art de discipliner un sujet ou de produire des disciples.

Le discipolat peut être aussi considéré comme du dressage dans le cas du travail de l'homme sur les animaux, surtout ceux de la famille sauvage.

Ecole :

Ecole, loin d'être seulement un espace aménagé pour abriter des salles de classes qui vont servir à la formation et à l'éducation des enfants, est aussi l'ensemble de tout ce qui est qualifié pour participer et contribuer à la transmission du savoir ou toute connaissance susceptible de produire à la fin du coursus, des sujets à l'image et à la ressemblance du contenu des formations administrées.

Disciple :

Est disciple un homme ; une femme ou tout être humain ayant subi volontairement ou involontairement des travaux de transformation psychique ; psychologique et intellectuelle assortis des enseignements sur un modèle de personnage donné pour devenir égal ou presqu'égal à ce dernier.

Jésus-Christ :

Jésus-Christ, dans son composé de mots Jésus et Christ est respectivement le nom du Fils unique de Dieu par déclaration, envoyé sur la terre dans le rôle du serviteur de Dieu pour œuvrer à la délivrance et au salut de l'homme captif du péché.

Chapitre : 2

Généralité sur le discipolat.

Nous allons aborder ce premier chapitre de notre livre lequel concerne la généralité sur le discipolat en rappelant qu'il s'agit d'un mot ou un concept qui est généralement utilisé dans les milieux religieux, en occurence ceux ayant en partage le référentiel biblique.

Et comme nous l'avions souligné à travers sa définition, le discipolat est une école de formation, non au modèle infrastructurel comme les établissements classiques de divers enseignements que nous côtoyons au quotidien des nos rues et ruelles, mais des groupements d'individus ou organisations fondées sur des bases doctrinales et idéologiques en vue de produire de nouveaux types d'individus à l'image et à la ressemblance d'un personnage modèle et exemplaire autour de qui fédèrent toutes les énergies aspirantes à la transformation de son observant.

Il s'agit d'un concept qui est présent dans la société humaine même si peu de gens seulement en réalisent et pouvait servir de pièce maîtresse pour la coordination au sein des organisations religieuses et un vecteur important et essentiel pour leur pérennité.

Et puisque le discipolat est destiné à produire des disciples, communément appelés, fidèles ou même parfois des adeptes d'une culture ou d'une tradition, il pouvait occuper une place très importante dans nos différentes sociétés, sauf que parfois sous des appellations peu considérables parce que plusieurs y travaillent sans s'en rendent compte.

C'est le lieu de rappeler que ce concept a connu littéralement et officiellement ses premiers jours au sein de notre société à l'avènement du sauveur du monde, le seigneur Jésus même s'il existait déjà sans trop paraître comme ce fût le cas en son temps.

Mais puisqu'avant son avènement, existaient déjà nombre de congrégations religieuses engagées dans cette réalité sans parfois l'appercevoir, il ne nécessitera pas beaucoup de peines pour réaliser que les différentes couches fraternelles et cultuelles travaillaient inlassablement à agrandir leurs effectifs et renforcer leurs existences par des pratiques plus ou moins communes et n'avaient absolument rien de différents qu'à cet idéal sociétale, lequel est le discipolat.

Et celà est encore plus évident, lorsqu'on considère qu'au sein de chacun de ces multiples et différents regroupements existent des informations susceptibles de servir d'enseignement d'un type de mode de vie propre à leur concept idéologique ou doctrinale.

Ainsi, depuis la nuit des temps, le discipolat a servi de moyens de renforcement et de pérennisation de ces différents regroupements fraternels, voir même politiques afin de résister aux différents vents innovateurs qui pouvaient causer et occasionner la disparition de certaines organisations au profit d'autres, et plus précisément de nouvelles au détriment des anciennes, et celà constitue en réalité le moyen le plus important de la chaîne organisationnelle de ces différents regroupements fraternels ou groupe d'individus.

Plusieurs seront étonnés d'apprendre au travers de nos écrits que les différents programmes d'études et de diverses formations auxquels sont soumis les écoliers et étudiants ont pour but de les reprogrammer c'est à dire les modifier pour l'objectif d'en faire des disciples au bénéfice finale des lobbies hautement positionnés à la tête de certaines organisations d'envergure internationale et mondiale, même si ces apprenants en trouvent également directement ou indirectement leurs parts, et c'est généralement le cas des pays sous-développés.

Ce qui importe de rappeler est que chaque individu naît avec des talents et potentiels divins donnés, lesquels ne pourront pas forcément correspondre aux besoins de ceux qui coordonnent les activités de ce monde, d'où Il leur revient intelligemment d'anticiper sur ces réalités par la mise à disposition des petits segments de la société humaine des modèles de formations susceptibles préparer l'enfant depuis son jeune âge à se repositionner dans le système de dépendance que ceux-là avaient déjà mis en place.

Et ça fait partir des bases doctrinales de la science dans tous ses paramètres, et qui permettent même de maintenir et d'entretenir l'équilibre de la balance entre les nations qualifiées de développées et de sous-développées.

Nous avons encore beaucoup de choses à mettre à la disposition de nos lecteurs cependant, le retard et l'ignorance de certains sur ces vérités les empêchent d'en faire une bonne appréhension.

Prenons en conséquence le verset suivant pour corroborer notre démonstration.

Réf bibliques : Exode : 35 V 30 - 35.

Moïse dit aux enfants d'Israël : Sachez que l'Eternel a choisi Bestsaleel, fils de Hur, de la tribu de Juda.

Il l'a rempli de l'Esprit de Dieu, da sagesse, , d'intelligence, et de savoir pour toutes sortes d'ouvrages.

Il l'a rendu capable de faire des inventions, de travailler l'or, l'argent et l'airain, de graver les pierres à enchâsser, de travailler le bois, et d'exécuter toutes sortes d'ouvrages d'art.

Il lui a accordé aussi le don d'enseigner, de même qu'à Oholiab, fils d'Ahisamac, de la tribu de Dan.

Il les a remplis d'intelligence, pour exécuter tous les ouvrages de sculpture et d'art, pour broder et tisser les étoffes teintes en bleu, en pourpre, en cramoisi, et le fin lin, pour faire toute espèce de travaux et d'inventions.

Dans le contenu de ce verset, nous pouvons clairement remarquer combien l'Eternel Dieu allait finalement se retrouver en conflit avec l'homme qu'il a lui-même créé et doté d'un bagage intellectuel et exceptionnel en réponse aux besoins existentiels lesquels s'alignent bien avec sa volonté en tant que créateur de la terre et tout ce qu'elle renferme.

Mais ce dernier ayant fait la connaissance du péché allait développer son propre champs de vie à l'image de la jungle où existent désormais des faibles ; des forts et des plus forts de manière à conduire les uns et les autres dans un système de dépendance stratégique, et tout celà motivé par l'excitation du diable par une démarche de tentative de confrontation de l'homme avec Dieu son créateur.

Ce verset montrait la sagesse anticipative et prévisionnelle de Dieu à l'égard de chaque individu qu'il envoie sur la terre et que les humains n'hésitent pas à mépriser et parfois maltraiter surtout que celui-ci ne se retrouve pas dans ce qui fait leurs besoins à eux.

Dans le contexte biblique, il faut souligner que très tôt Dieu allait commencer par parler au peuple qu'il avait désigné comme le sien par des rappels continus à l'ordre de peur qu'en s'alignant à d'autres peuples ou communautés, ils ne risquent d'abandonner la sagesse autour de laquelle fédèrent les différentes couches de leur société au profit des traditions nouvelles et étrangères jugées impures et diaboliques.

Réf bibliques : Genèse : 17 V 10 - 14 ; Exode : 19 V 5

C'est ici mon alliance, que vous garderez entre moi et vous, et ta prospérité après toi: tout mâle parmi vous sera circoncis.

Vous vous circoncirez ; et ce sera un signe d'alliance entre moi et vous.

A l'âge de huit jours, tout mâle parmi vous sera circoncis, selon vos générations, qu'il soit né dans la maison, ou qu'il soit acquis à prix d'argent de tout fils d'étranger, sans appartenir à ta race.

On devra circoncire celui qui est né dans la maison et celui qui est acquis à prix d'argent ; et mon alliance sera dans votre chair une alliance perpétuelle.

Un mâle incirconcis, qui n'aura pas été circoncis dans sa chair, sera exterminé du milieu de son peuple ; il aura violé mon alliance.

Maintenant, si vous écoutez la voix, et si vous gardez mon alliance, vous m'appartiendrez entre tous les peuples, car toute la terre est à moi.

Ainsi sera le premier exemple lequel tournera autour des instructions de Dieu au profit de son peuple d'alors, et qui prendra la forme d'une alliance qui leur servira de facteur d'identité et d'appartenance à sa personne souveraine.

Il sera donc question de mettre rigoureusement à exécution ses instructions de générations en générations en sorte que l'inverse coûterait la vie aux négligeants ou réfractaires.

D'après le contenu des premiers versets, on notera l'initiation à cet appel lequel dans le cas d'espèce allait concerner tous les mâles nés dans la maison d'Abraham ou acquis à prix d'argent.

Et dans le contenu du second verset, lequel allait concerner les descendants d'Abraham longtemps après l'avènement de cet appel divin et dans un contexte où le rappel avait fait surface comme condition sine quanum pour continuer de jouir de la fidélité du Dieu de leurs pères.

C'était déjà à la réalité du discipolat qu'ils étaient initiés sans le savoir ou s'en rendre compte puisqu'ils ne savaient pas que la mise en pratique continuelle de ces différentes prescriptions faisait d'eux, les disciples de leur Dieu, c'est à dire, un peuple disciplinés au goût et au vœu de l'instructeur.

Considérons encore cet extrait de versets relevant de quelques messages d'exhotation du serviteur de Dieu au profit de son peuple.

Réf bibliques : Deutéronome : 4 V 1 - 2.

Maintenant, Israël, écoute les lois et les ordonnances que je vous enseigne. Mettez-les en pratique, afin que vous viviez, et que vous entriez en possession du pays que vous donne l'Eternel, le Dieu de vos pères.

Vous n'ajouterez rien à ce que je vous prescris, et vous n'en retrancherez rien ; mais vous observerez les commandements de l'Eternel, votre Dieu, tels que je les prescris.

Et là encore, nous pouvons remarquer un contenu d'instruction qui reflète un idéal susceptible de façonner et de définir par sa mise en pratique, un mode vie humaine conforme à l'aspiration et à la demande de Dieu, et c'est toujours le discipolat au service de ce peuple, ce qui s'explique par le rappel continu de ces prescriptions aux oreilles de ce peuple dans le but de le maintenir dans cette culture identitaire par laquelle il était lié à Dieu.

Il faut souligner que cette pratique ou manière de faire s'étend sur les peuples et évolue parfois d'un niveau plus restreint au plus large de la société, ce qui explique même très bien les notions de cultures et de traditions par lesquelles les hommes s'identifient et s'en réclament parfois leurs marques de distinction sociale et sociétale.

Ainsi chaque programme d'enseignement conçu et mis à la disposition des centres de diverses formations devrait être considéré comme le discipolat par sa mise en pratique et officieusement destiné à produire des disciples à la forme et au modèle du contenu desdits programmes, et ce sera sur ces mots que nous mettons un terme au développement de ce chapitre relatif à la généralité sur le discipolat.

Chapitre : 3

Origine biblique du discipolat.

Pour ce qui concerne le chapitre relatif à l'origine biblique du discipolat, nous serons appelés à nous ressourcer davantage dans les saintes écritures par une démarche de la reconstitution des faits ayant traduit le cœur et la pensée de Dieu à l'égard de l'homme qu'il a créé et a objectivement placé dans le jardin d'Eden, encore qu'il s'agit de celui qui est dépositaire de la science des sciences et propriétaire de la sagesse dont l'homme fait preuve dans ce monde quoique corrompue par le péché.

Et comme nous avions commencer par le souligner un peu plus haut, le discipolat provient de la sagesse de Dieu et fera d'ailleurs objet du premier aspect de sa volonté relationnelle avec l'homme pendant qu'il le plaçait à l'intérieur du jardin d'Eden, et on notera ce qui suit :

Réf bibliques : Genèse : 2 V 15 - 17.

L'Eternel Dieu prit l'homme, et le plaça dans le jardin d'Eden pour le cultiver et pour le garder.

L'Eternel Dieu donna cet ordre à l'homme : Tu pourras manger de tous les arbres du jardin ;

mais tu ne mangeras pas de l'arbre de la connaissance du bien et du mal, car le jour où tu en mangeras, tu mourras.

Nous notons à partir du contenu des versets ci-dessus que l'Eternel Dieu après avoir formé l'homme, ne le laissera pas dans la nature se défendre lui-même, mais allait le placer dans un jardin qu'il a planté en Eden avec des objectifs bien précis que le contenu des versets ne manquera pas de nous fournir.

Ainsi, il s'agira de deux différents objectifs dont le premier pour le cultiver, et le second pour le garder.

C'est le lieu de mettre à la disposition des croyants en général et nos fidèles partenaires de lecture en particulier, la révélation qui se cache derrière cette déclaration du Seigneur en direction de l'homme et qui n'a absolument rien à avoir avec les diverses interprétations purement intellectuelles qui traversent le monde chrétien et ne n'arrêtaient jour après jour de l'éloigner du cœur et de la pensée de Dieu.

Il faut souligner que l'homme en ce moment, était sans culture ; sans formation ou éducation et sans aucune compétence acquise susceptible de le rendre capable de travailler la terre ou le jardin à l'intérieur duquel il était placé, et devrait en conséquence être considéré comme un enfant ou un individu sans aucune expérience ouvrière.

Ceci étant, lorsque nous remontons un peu plus haut dans ce chapitre des saintes écritures, il sera intéressant de rappeler que Dieu avait bien planté un jardin et non un champ pour être cultiver.

Dans ce jardin, existera par la force ouvrière de l'Eternel, un mécanisme autonome de gestion des éléments qui le composent de manière à ne nécessiter l'intervention de l'homme en quoique ce soit pour son fonctionnement.

Réf bibliques : Genèse : 2 V 10 - 14.

Un fleuve sortait d'Eden pour arroser le jardin, et de là, il se divisait en quatre bras.

Le nom du premier est Pischon ; c'est celui qui entoure tout le pays de Havila, où se trouve l'or.

L'or de ce pays est pur, on y trouve aussi le bdellium, et la pierre d'onyx.

Le nom du second fleuve est Guihon, c'est celui qui entoure tout le pays de Cusch.

Le nom du troisième est Hiddekel, c'est celui qui coule à l'orient de l'Assyrie .

Le quatrième fleuve, c'est l'Euphrate.

Ainsi, se présente le contenu des versets ci-dessus lesquels viennent confirmer le caractère autonome du jardin que l'Eternel Dieu planta en Eden et qui traduit la sagesse de celui qui fait toutes choses bonnes en son temps et dont les œuvres ne souffrent absolument d'aucun conseil.

C'est pourquoi la connaissance de l'Evangile qui ouvre le cœur du croyant à la présence du Saint-Esprit s'avère nécessaire pour collaborer avec Dieu selon qu'il est écrit : L'Esprit sonde tout, même les profondeurs de Dieu.

Réf bibliques : 1 Corinthiens : 2 V 10 - 11.

Dieu nous les a révélées par L'Esprit. Car L'Esprit sonde tout, même les profondeurs de Dieu.

Lequel des hommes, en effet, connaît les choses de l'homme, si ce n'est l'esprit de l'homme qui est en lui ?

De même, personne ne connait les choses de Dieu, si ce n'est L'Esprit de Dieu.

Ainsi, les choses de l'homme sont liées à l'esprit de l'homme, tandis que celles de Dieu sont également liées à L'Esprit de Dieu.

Ce rappel reste d'autant important de souligner en ce qu'il y a certains passages dans l'histoire de cet événement lesquels en les prenant à l'état en compte, sortent carrément le lecteur de la direction divine de cette histoire et éloignent du cœur et de la pensée de Dieu. Cependant, nous nous réservons le droit de ne commencer par recenser ces quelques versets qui ne sont trop éloignés de ceux mis à contribution afin d'éviter de sortir de notre cadre de travail.

Revenons à présent à notre étude et précisément aux versets évoquant les objectifs de Dieu pour placer l'homme dans le jardin.

Ainsi, comme rappel, il sera écrit ce qui suit : Dieu plaça l'homme dans le jardin d'Eden pour le cultiver et pour le garder.

Retenez que changer de position à ces deux mots à savoir, cultiver et garder, modifierait radicalement la direction divine du texte et le sortirait immédiatement de son contexte.

En effet, l'Eternel Dieu ne placera l'homme dans le jardin d'Eden pour que ce dernier puisse commencer par le cultiver comme on peut cultiver la terre et le garder comme veiller à sa sûreté.

Mais puisqu'en ce moment Adam n'avait ni père ni mère, encore moins un quelconque parent pour s'occuper de son éducation, Dieu en bon père, allait se substituer en cet acteur indispensable pour la bonne croissance de cet Adam dans la figure d'un nouveau-né .

Ainsi, l'Eternel Dieu devra placer Adam dans le jardin qu'il venait de planter à cause de lui en Eden pour le cultiver, c'est à dire, l'éduquer ; le former et lui transmettre des valeurs et des compétences susceptibles de faire de lui un modèle dans la société afin que quiconque le recontre demain puisse l'apprécier au type de personne faite à l'image et selon la ressemblance de son formateur, son éducateur, donc de Dieu.

Et ce sera la révélation qui sous-tende les expressions cultiver et garder dans ce contexte précis puisqu'on ne peut mieux apprécier un individu que sur la base des éléments qui témoignent de son éducation morale et civique lesquelles sont directement liées à celui ou celle sous qui il a été.

L'Eternel Dieu, ayant à cœur de faire de l'homme, son ami ; son compagnon de travail en tant que représentant et intendant sur tout son patrimoine terrestre, allait prendre des dispositions conséquentes pour l'équiper des compétences requises de manière à le préparer pour mieux faire face à toutes les formes de surprises que les jours à venir vont lui réserver, encore que toutes les choses découlant de l'œuvre de Dieu à la création étaient venues en existence avant lui selon les écritures.

Nous voyons ainsi la pensée du seigneur Dieu dans cette histoire laquelle fait objet de toutes les dérives en matière d'interprétation et devient une source de mort c'est à dire d'égarement au lieu de d'édification et de glorification en l'honneur de Dieu.

Et ainsi, l'Eternel Dieu initiait ou inaugurait à l'intérieur du jardin d'Eden, l'école des disciples ou le discipolat par la mise à disposition de l'homme des instructions susceptibles de le faire à son image et selon sa ressemblance.

L'homme se concentrerait sur les instructions données par son Seigneur ; son maître ; son tuteur ; son mentor et par-dessus tout, son Père et deviendrait effectivement le disciple accompli, c'est à dire l'image et la ressemblance de la personne de Dieu son créateur et son compagnon.

Et ce sera enfin l'origine biblique du discipolat.

Chapitre : 4

Différents types de discipolat biblique.

Nous commençons ce chapitre de notre développement tout en rappelant que la bible regorge tant de personnages de référence, de plusieurs acteurs clés qui sous l'inspiration de Dieu, ont été utilisés pour répondre à des actions à la fois ponctuelles que durables cependant, ne seront pas tous des figures au service du discipolat.

Toutefois, il sera constaté que dans la suite des évènements composants l'histoire de la Bible, et précisément avec l'une de ces grandes figures biblique en la personne d'Abraham, l'Eternel Dieu allait lui adresser un appel de compagnon et d'amitié un peu comme ce qu'il avait essayé sans succès avec Adam. On notera en conséquence ce qui suit.

Réf bibliques : Genèse : 17 V 1 - 2.

Lorsque Abram fut âgé de quatre vingt dix neuf ans, l'Eternel apparut à Abram, et lui dit : Je suis le Dieu tout-puissant. Marche devant ma face, et soit intègre.

J'établirai mon alliance entre moi et toi, et je te multiplierai à l'infini.

Ainsi, du contenu de ce verset ci-dessus on notera l'appel de Dieu à Abram pour une marche objectif lequel allait faire objet de nombreuses actualités par la suite des évènements et qui seront au service des différentes générations qui constitueront sa postérité.

Il faut dit qu'il se retrouvait en ce moment presque dans le même scénario que son grand père Adam qui avait échoué devant les instructions qui lui avaient été données.

Mais lui, contrairement à Adam, n'échouera pas à l'épreuve des instructions reçues et réussira jusqu'à toucher la promesse des fleurs qui découlerait de l'obéissance auxdites instructions. Toutefois, cela relève néanmoins de la volonté du très-haut qui fait tout d'après ses desseins.

On pourra donner tous les détails concernant la vie d'Abraham qui sera fait aussi de haut et de bas cependant, finira par connaître une fin à l'attente de celui qui l'avait appelé et qui est son Dieu et qui voulait de lui son ami, une autre qualification de disciple.

Réf bibliques : Jacques : 2 V 23.

Ainsi s'accomplit ce que dit l'écriture : Abraham crut à Dieu, et celà lui fut imputé à justice.

Et il fut appelé, ami de Dieu.

Du contenu de ce verset ci-dessus, nous découvrons clairement l'intérêt de Dieu à donner des instructions à l'homme qu'il choisit dans toute sa souveraineté pour asseoir avec lui une relation d'amitié encore que seul l'ami serait en mesure d'être un partenaire de confidence qualifié pour se partager des secrets individuels ou collectifs.

Ainsi, là où Adam avait échoué de devenir ami et précisément disciple de Dieu, par sa negligeance et sa preuve de légèreté vis à vis des instructions qui lui étaient données, Abraham fera objet d'exception d'attitude à l'égard de ces instructions sous une nouvelle forme et réussira à recevoir les louanges de son assiduité et de sa résolution à l'égard dudit appel.

Il sera finalement qualifié d'ami de Dieu pour avoir cru avec foi aux instructions de celui qui l'avait appelé contre toutes autres informations étrangères auxquelles il aurait certainement fait face dans sa marche.

Cependant, en revenant à l'essence de notre chapitre relatif aux différents types de discipolat biblique, il sera constaté d'Abraham sortiront des fils et des peuples qui seront plus tard appelés à servir le Dieu de leur père à l'aide d'une première partie des instructions qui étaient données à leur ancien grand père Adam et qui avait été même la principale cause de sa chute.

On parlera de la loi et désormais promulguée pour servir de référentiel dans leur vie de chaque jour jusqu'à ce que le peuple devienne chacun en ce qui le concerne, un individu transformé à l'image et selon la ressemblance du personnage que traduisaient lesdites instructions et qui est le Dieu invisible, le Dieu de leur père Abraham.

Mais toujours concernant les instructions divines dont l'un des aspects avait été la cause de la chute de l'homme en la personne d'Adam, il y aura un autre aspect qui en réalité était le premier et qui n'avait pas été abordé par l'homme parce que n'ayant pas intéressé le serpent.

Retournons-nous à cet effet aux instructions selon qu'elles avaient été données pour la première fois.

Réf bibliques : Genèse : 2 V 16 - 17.

L'Eternel Dieu donna cet ordre à l'homme : Tu pourras manger de tous les arbres du jardin ;

Mais tu ne mangeras pas de l'arbre de la connaissance du bien et du mal, car le jour où tu en mangeras, tu mourras.

Ainsi se présente le contenu des versets correspondant aux instructions divines, lesquelles traduisent la personne de Dieu dans toute sa complexité.

Et pour ce qui concerne les deux aspects qui composent ces instructions, on notera ce qui suit :

Tu pourras manger de tous les arbres du jardin, ce qui correspondra au premier aspect des instructions.

Mais tu ne mangeras pas de l'arbre de la connaissance du bien et du mal, car le jour où tu en mangeras, tu mourras, ce qui correspondra au second aspect desdites instructions.

Il faut rappeler que ces deux aspects ou volets qui composent l'ensemble des instructions données à l'homme représentent la loi de Dieu et en même temps les deux lois de Dieu destinées à organiser sa relation avec l'homme et celà, pour l'acquisition du salut.

Elles constituent les aspects de la loi de Dieu qui avait servi à asseoir les deux alliances et les deux formes d'adoration auxquelles les hommes avaient été initiées et pratiquent jusqu'à ce jour sous forme de culte.

Nous allons remarquer d'après les saintes écritures qu'on nous parlera de l'ancienne et de la nouvelle alliance auxquelles sont rattachés l'ancien et le nouveau testament.

Nous avons beaucoup de choses à dégager de ces deux éléments qui restent fondamentaux pour la connaissance de Dieu et des informations relatives à l'existence de la Bible cependant, nous n'en pourrons pas assez de peur de sortir de notre ligne d'étude.

Mais pour ce qui est du cas de notre développement, il sera constaté dans la suite des évènements bibliques que la loi sera promulguée au temps du prophète Moïse pour servir de moteur de l'organisation et du fonctionnement de toutes les activités entrant dans le cadre de la relation de Dieu avec son peuple d'alors appelé Israël.

Les récits seront que le prophète Moïse sur la demande de Dieu, montera pour de long séjour sur la montagne et à son retour vers le peuple descendra avec deux tables de pierre contenant chacune des inscriptions divines lesquelles formuleront la nouvelle version de la loi au profit de toute la communauté.

Beaucoup de choses seront dites en lien avec la mise en pratique de ladite loi par le peuple, toutefois, il nous importe de souligner le caractère instructeur de celle-ci parce qu'en l'inserant régulièrement et continuellement dans leurs quotidien, ils devront devenir des hommes et des femmes modelés et façonnés à l'image et selon la ressemblance de l'identité du personnage qu'incarne cette loi laquelle traduisait la personne juste ; parfaite et irréprochable de leur Dieu.

Réf bibliques : Romains : 7 V 12 ; Galates : 3 V 19.

La loi donc est sainte, et le commandement saint, juste et bon.

Pourquoi donc la loi ?

Elle a été donnée ensuite à cause des transgressions, jusqu'à ce que vint la postérité à qui la promesse avait été faite ; elle a été promulguée par des anges, au moyen d'un médiateur.

Ainsi se présente le contenu des versets ci-dessus, lesquels retracent l'état de la loi comme pour signifier que l'inserant dans ses habitudes au quotidien ferait d'eux des gens saints ; justes et bons et constitueront en conséquence un peuple à l'image et selon la ressemblance de leur Dieu sur la personne de qui communique ladite loi.

La suite des versets nous relateront également le processus de promulgation de la loi et les conditions qui avaient nécessité cette évolution des choses dans la relation de Dieu avec son peuple et le verset ci-dessous nous relèvera clairement le caractère instructeur et enseignant de la loi.

Réf bibliques : Galates : 3 V 24.

Ainsi, la loi a été comme un pédagogue pour nous conduire à Christ, afin que nous fussions justifiés par la foi.

Et voilà ci-dessus, Dieu ou l'Esprit de Dieu dans la loi dans le rôle de pédagogue, c'est à dire enseignant ; éducateur ou encore formateur en train de conduire le peuple dans un processus du discipolat et sera le premier type de discipolat biblique.

C'est le lieu de rappeler que dans ce cas précis, le serviteur de Dieu, le prophète Moïse sera celui qui aura le privilège d'incarner cette valeur cardinale, un peu comme le représentant physique du Dieu invisible au milieu et à la tête de son peuple.

En effet, les hommes ou les croyants ayant fait la connaissance du péché étaient tombés dans le sommeil spirituel lequel avait causé leur manque d'attention à l'égard des signaux de Dieu qui n'arrêtait continuellement de les interpeller et de tenter en vain de les persuader.

L'Eternel Dieu en conséquence, devra adopter une nouvelle approche à la dimension de la vie charnelle dans laquelle l'homme était tombée et qui avait pris le dessus sur la dimension spirituelle de sa personne.

Et en celà, l'Eternel allait choisir de s'identifier à travers une figure humaine en la personne de son prophète Moïse qu'il allait élever au-dessus de tout le reste de son peuple avec le privilège d'attirer à lui et sur lui seul tout le regard et l'attention du peuple comme un modèle divin susceptible de produire par le moyen de son ministère le résultat escompté c'est à dire, des hommes et des femmes transformés par la sagesse divine qu'incarnait le prophète Moïse et qui correspondait à la loi.

Réf bibliques : Exode : 19 V 9 ; Josué : 3 V 7.

Et l'Eternel dit à Moïse : Voici, je viendrai vers toi dans une épaisse nuée, afin que le peuple entende quand je te parlerai, et qu'il ait toujours confiance en toi.

Moïse rapporta les paroles du peuple à l'Eternel.

L'Eternel dit à Josué : Aujourd'hui, je commencerai à t'élever aux yeux de tout Israël, afin qu'ils sachent que je serai avec toi comme j'ai été avec Moïse.

Ainsi, nous pouvons clairement constater la démarche méthodologique de Dieu à converger tous les regards et toute l'attention du peuple sur l'homme qu'il a souverainement choisi pour symboliser son image et les éléments par lesquels on pourra lui ressembler, c'est à dire des disciples de celui dont ils seront des modèles.

Par ce choix pédagogique fait par le souverain Dieu et qui repose sur la personne de son serviteur, son prophète Moïse qui en conséquence est devenu une figure doctrinale susceptible de produire des disciples à l'image et selon la ressemblance de Dieu, le constat de la figure doctrinale de Moïse traversera l'histoire des peuples et des âges dans leur marche avec Dieu.

Mettons à cet effet à profit les exemples suivants pour témoigner du premier type de discipolat biblique.

Réf bibliques : Jean : 8 V 5 ; 9 V 28 - 29.

Moïse, dans la loi, nous a ordonné de lapider de telle femme : toi donc, que dis-tu ?

Ils l'injurièrent et dirent : C'est toi qui est son disciple ; nous, nous sommes les disciples de Moïse.

Nous savons que Dieu a parlé à Moïse ; mais celui-ci, nous ne savons d'où il est.

Réf bibliques : Actes : 15 V 21 ; 2 Corinthiens : 3 V 15.

Car, depuis bien des générations, Moïse a dans chaque ville des gens qui le prêchent, puisqu'on le lit tous les jours de sabbat dans les synagogues.

Jusqu'à ce jour, quand on lit Moïse, un voile est jeté sur les cœurs...

Ainsi, se présentent les détails du contenu des versets ci-dessus confirmant le premier modèle officiel du discipolat biblique lequel repose sur la figure doctrinale du prophète Moïse dans le but et l'objectif de produire des disciples, c'est à dire des adorateurs à l'image et selon la ressemblance de Dieu.

A présent l'étude sur le second type de discipolat biblique, et sans plus tarder nous allons commencer par rappeler que d'après les saintes écritures le premier modèle de discipolat biblique allait échouer à produire le résultat escompté et allait nécessiter de la part de l'Eternel Dieu l'initiation d'un nouveau modèle en réforme au premier et qui sera porté par une nouvelle figure doctrinale en la personne du seigneur et sauveur Jésus-Christ.

Mais avant d'aller au vif du sujet, il serait intéressant et judicieux de remonter à l'historique des évènements qui allaient aboutir à cet état de chose.

Rappelons que nous avions précédemment parlé de certaines instructions qui avaient été données à Adam et qui présentaient deux différents concepts ou volets dont le premier avait été soumi à l'étude et avait abouti à la révélation du premier type du discipolat biblique.

Remontons en conséquence à notre verset de base.

Réf bibliques : Genèse : 2 V 16 - 17.

L'Eternel Dieu donna cet ordre à l'homme : Tu pourras manger de tous les arbres du jardin ;

Mais tu ne mangeras pas de l'arbre de la connaissance du bien et du mal, car le jour où tu en mangeras, tu mourras.

Le contenu des versets relatifs aux instructions divines étant, nous avions précédemment fait remarquer que le second aspect ou volet de celles-ci sera lequel par la suite des évènements qualifié de loi et servira de base doctrinale que le serviteur de Dieu le prophète Moïse allait incarner pour conduire le peuple à la découverte de l'image et la ressemblance de Dieu, et sera appelé le premier type du discipolat biblique.

Le processus sera tel parce que le serpent, dans le but de faire tomber l'homme, avait objectivement conduit à l'aspect des instructions auquel était directement rattachées les sactions préventives.

On notera ce qui suit : Mais, tu ne mangeras pas de l'arbre de la connaissance du bien et du mal, car le jour où tu en mangeras, tu mourras, ce qui revêtait un caractère interdit des instructions.

Mais avant cela, il était donné à l'homme la liberté de pouvoir manger de tous les arbres du jardin d'Eden où il était en ce moment placé, et celà revêt un caractère liberté des instructions.

Et c'est le lieu de souligner par nuance que d'après les instructions, le caractère liberté était le premier et l'interdit vient après. Mais le déroulé des évènements modifiera l'ordre des choses de manière à ramener à intervertir les positions et cela à cause de l'aspect sur lequel l'homme avait ouvert les yeux en premier sous l'instigation du diable et avait causé sa chute.

La répétition étant pédagogique, le caractère interdit des instructions sera révélé le premier aspect abordé par l'homme et celà sous l'excitation du diable pour aller contre la volonté de son Dieu et par conséquent faire la connaissance du péché.

Et comme précédemment démontré, le dernier à partir de ce moment sera officiellement considéré comme le premier à cause de la chute, en attendant le temps de la restauration et de la reformation de celui qui devra venir.

Etudions à cet effet, les versets suivants :

Réf bibliques : Jean : 3 V 14 ; 8 V 56 - 58.

Et comme Moïse éleva le serpent dans le désert, il faut de même que le Fils de l'homme soit élevé..

Abraham, votre père, a tressailli de joie de ce qu'il verrait mon jour : il l'a vu, et il s'est réjoui.

Les juifs lui dirent : Tu n'as pas encore cinquante ans, et tu as vu Abraham ?

Jésus leur dit : En vérité, en vérité, je vous le dis, avant qu'Abraham fût, je suis.

Du contenu des versets ci-dessus, nous pouvons commencer par remarquer une nouvelle figure, un personnage nouveau qui allait commencer par servir d'élément de comparaison tantôt avec le prophète Moïse sur qui nous avions suffisamment décripté, tantôt avec un autre supérieur à Moïse et qui sera le patriarche Abraham.

Mais le rapprochement avec ces deux grandes figures, en occurence avec le patriarche Abraham il ne s'arrêtera pas seulement à un facteur de différence en supériorité avec le prophète Moïse, mais encore supérieur à ce dernier aussi.

Il sera dit selon les écritures ce qui suit : Avant qu'Abraham fût, je suis.

Ce qui explique clairement qu'il a encore de supériorité en âge sur le patriarche Abraham et sera plutard révélé comme le réformateur de l'alliance ou le discipolat biblique conduit par le prophète Moïse, et en confirmation de sa position originellement supérieure à Moïse, comme la figure illustrative du premier aspect ou volet du contenu des instructions divines données à Adam encore présent dans le jardin d'Eden.

Il sera le symbolisme ou l'incarnation du caractère liberté qui traduisait le premier aspect ou volet du contenu desdites instructions et son avènement sera d'autant plus important et nécessaire pour corriger le déséquilibre occasionné par le coup porté à l'homme par le diable pour le faire tomber face au projet de Dieu le concernant et à travers lui, l'humanité toute entière et asseoir une nouvelle base doctrinale susceptible de conduire à la réussite le peuple de Dieu, là où le discipolat selon la doctrine mosaïque a échoué dans sa mission de conduire le peuple à l'identification du model à l'image et selon la ressemblance de Dieu, un échec qui sera confirmé par le contenu des versets ci-après :

Réf bibliques : Jean : 42 - 44.

Jésus leur dit : Si Dieu était votre père, vous m'aimeriez , car c'est de lui que je suis sorti et que je viens ; je ne suis pas venu de moi-même, mais c'est lui qui m'a envoyé.

Pourquoi ne comprenez-vous pas mon langage ? Parce que vous ne pouvez écouter ma parole.

Vous avez pour père le diable, et vous voulez accomplir les désirs de votre père. Il a été meurtrier dès le commencement, et il ne se tient pas dans la vérité, parce qu'il n'y a pas de vérité en lui.

Lorsqu'il profère le mensonge, il parle de son propre fond ; car il est menteur et le père du mensonge.

Ainsi, il sera remarqué à partir du contenu de ces différents versets ci-dessus, une démonstration magistrale de cette nouvelle figure doctrinale à descendre un groupe de disciples bâti par la doctrine mosaïque qui a été la première allouée au profit du peuple, de leur position supposée des fils de Dieu par leur zèle à satisfaire les désirs de leurs chairs croyant être au service du Dieu vivant à celle des fils du diable.

Ils vont juger d'inadmissible ce regard du Fils unique de Dieu sur leurs vies, et pourtant c'est la vérité et la suite des évènements nous en informeront davantage.

Celui-ci allait démarré son ministère ou sa mission dans un atmosphère de confrontation continue avec les habitudes et les mauvaises conceptions par lesquelles les premiers disciples c'est à dire ceux produit par la doctrine mosaïque avaient érigées en eux.

Réf bibliques : Jean : 4 V 23 - 24.

Mais l'heure vient, et elle est déjà venue, où les vrais adorateurs, adoreront le Père en esprit et en vérité ; car ce sont là, les adorateurs que le Père demande.

Dieu est Esprit, et il faut que ceux qui l'adorent, l'adorent en esprit et en vérité.

Et comme l'indique le contenu desdits versets, le Fils de Dieu allait sur ces mots faire constater l'existence des adorateurs de Dieu certe, mais qui étaient dans une approche divine d'adoration dans la chair et dans le mensonge comme c'était le cas un peu plus haut, et qui devraient abandonner ce mode d'adoration au profit de la véritable, de l'authentique laquelle allait consister à adorer le Père en esprit et en vérité, conformément à la demande du Père qui avait envoyé le premier missionnaire dont le travail avait échoué et nécessiter l'intervention de celui-ci.

Le seigneur Jésus, puisque c'est de lui qu'il s'agit, allait être le réformateur à l'égard du rôle des instructions divines données à l'homme de manière à redonner à celles-ci ces lettres de noblesse toujours pour la cause salutaire du croyant.

On aura à cet effet l'occasion d'entendre des déclarations comme celles-ci :

Réf bibliques : Mathieu 5 V 17.

Ne croyez pas que je sois venu pour abolir la loi ou les prophètes ; je suis venu non pour abolir, mais pour l'accomplir.

Le seigneur, à travers le contenu ci-dessus dira : Je ne suis pas venu abolir ni la loi ni les prophètes. Je suis venu, non pour abolir la loi mais l'accomplir.

Ceci s'explique par la volonté ou l'esprit qui se cachait derrière la loi, laquelle nous le rappelons est de Dieu et actualisée sous la forme de doctrine qualifiée de mosaïque et destinée à faire du peuple, des disciples de Dieu.

Cependant, cette doctrine, au lieu de faire des disciples à l'image et selon la ressemblance de Dieu, avait échoué non à cause de la qualité ou l'inefficacité de la loi, mais de ceux qui étaient alloués à cette noble entreprise pour avoir été déjà corrompus par le péché en sorte que toutes leurs bonnes œuvres étaient entachées d'irrégularités et de manque de perfectionnisme.

Mais celui-ci viendra avec des termes plus simplifiés des mêmes instructions divines qui avaient fait des disciples du diable au lieu de Dieu afin d'alléger la tâche à ceux qui le suivraient de manière à leur offrir en guise de connaissance, une version de la personnalité correcte ; juste ; parfaite, plein de miséricorde et de d'amour de Dieu qui avait créé l'homme et l'avait objectivement placé à l'intérieur du jardin d'Eden.

On noter ce qui suit :

Réf bibliques : Jean : 13 V 34 - 35.

Je vous donne un commandement nouveau : Aimez-vous les uns les autres ; comme je vous ai aimés, vous aussi, aimez-vous les uns les autres.

A ceci tous connaîtront que vous êtes mes disciples, si vous avez de l'amour les uns pour les autres.

Du contenu donc de ces versets nous pouvons noter la compression ou l'interprétation juste des instructions divines qui étaient devenues une lourde charge sur les têtes de ceux et celles qui devraient s'y conformer afin de venir des disciples de Dieu.

Ce qui avait échoué pour des raisons dont nous avions donné suffisamment d'informations, dans les détails ci-dessus.

Ainsi, Dieu à travers ces instructions, donnait à l'humanité toute entière réunie en Adam la connaissance sur sa conception de l'amour lequel correspondait à sa justice et qui était sa nature en prévention de sa collaboration avec l'homme pour les jours à venir.

Mais le diable par le moyen du péché allait réussir à corrompre l'homme par une interprétation erronée et truquée de cette information pour les amener à devenir ses disciples au lieu de ceux de Dieu, leur créateur.

Le seigneur Jésus-Christ, en bon messi, sera envoyé plus tard pour venir corriger le tir en ramenant l'homme égaré dans la droite ligne de son Dieu par le moyen de la parfaite interprétation des instructions réputée pour lui assurer la guérison et la restauration de tout son être.

Il dira à ceux qui se retrouvaient autour de lui qu'ils seront vraiment ses disciples lorsqu'ils seront en train de se tenir ferme sur ses enseignements et rester inébranlables peu importe les mauvais vents de doctrine.

Ils seront ce faisant, vraiment ses disciples et par conséquent, les disciples de Dieu.

Et ce sera le second type de discipolat biblique.

Chapitre : 5

Le discipolat biblique approuvé de Dieu.

Ce chapitre de notre développement nous permettra d'essayer d'établir les deux différents types de discipolat biblique afin de pouvoir dégager celui que Dieu dans sa souveraineté a approuvé, surtout que tous les deux proviennent de lui et étaient destinés à la même et unique cause.

Celà donne de noter qu'il n'y a pas de discipolat biblique mauvais, mais plutôt dangereux en ce que celui qualifié de dangereux finit toujours par faire du croyant un disciple du diable au lieu de Dieu sans que ce dernier même ne s'en rende compte.

Qu'il vous souvienne que le premier avait été en le modèle d'enseignement qualifié de la doctrine mosaïque parce que portant la figure divine de la personne du serviteur de Dieu, le prophète Moïse.

Elle, en tant que doctrine, sera caractérisée par la prêche de la repentance ou le péché ou encore l'adoration charnelle parce que créant une vie d'adoration basée sur la routine et la tradition, dans une conscience captive du péché, d'injustice et d'imperfection.

Le seigneur Jésus-Christ, pendant son ministère terrestre l'avait illustré dans un mouvement répétitif pour la recherche d'une qualité d'eau qui ne pourra au grand jamais satisfaire la soif de ceux qui s'y accrochent pour étancher leurs soifs.

On notera ce qui suit :

Réf bibliques : Jean : 4 V 12 - 14.

Es-tu plus grand que notre père Jacob, qui nous a donné ce puits, et qui en a bu lui-même, ainsi que ses fils et ses troupeaux ?

Jésus lui répondit : Quiconque boit de cette eau aura encore soif ; mais celui qui boira de l'eau que je lui donnerai n'aura plus jamais soif, et l'eau que je lui donnerai deviendra en lui une source d'eau qui jaillira jusque dans la vie éternelle.

Ainsi, se présente le contenu de nos versets lequel sera essentiellement de trois bonnes parties cependant, seule la deuxième partie ou la partie B fera immédiatement l'objet de notre préoccupation.

On retiendra en conséquence, la déclaration suivante : Jésus lui répondit : quiconque boit de cette eau aura encore soif...

Cette eau dont parlait le seigneur Jésus en ce moment symbolisait la doctrine mosaïque laquelle correspondait à l'ensemble des enseignements et pratiques nécessaires pour conduire le croyant à un modèle d'adorateur à l'image et selon la ressemblance de Dieu, et celà sous l'égide de la loi de l'interdit ou le second aspect des deux principales lignes composant les instructions divines données à Adam.

Et pour rappel, cette doctrine ayant conduit le peuple à la routine ou une adoration basée sur des habitudes charnelles allait être déclarée impuissante pour l'atteinte des objectifs auxquels elle était allouée, et montrer ses limites face au défi de faire des croyants d'après l'image et selon la ressemblance de Dieu.

Toutefois, la partie C du contenu de nos versets d'études fera constater la démarche du réformateur, le seigneur Jésus qui allait proposer à la dame avec qui il échangeait, une eau dont il serait détenteur, et qui serait en mesure de régler une fois pour de bon le problème de soif de quiconque accepterait la boire.

Ainsi quiconque accepterait prendre de telle eau, n'aura plus jamais soif et n'éprouvera plus le besoin de revenir à ce puits duquel sort l'eau jugée de nature trompeuse et séductrice, parce que corrompue par le manipulateur en la personne du diable.

Et ces déclarations étaient l'illustration de la doctrine qu'il apportait aux croyants et dont il était lui-même la figure en réponse à l'impuissance de celle qui était jusque-là d'actualité et qui ne leur offrait en vérité aucune chance de parvenir à la justice de Dieu laquelle correspondait à la connaissance de son image et de sa ressemblance.

Il est vrai et notoire que ceux qui s'accrochaient à ce puits et à l'usage de son eau en tiraient de nombreux avantages au point qu'il leur revenait très difficile de reconnaître son état corrompu jusqu'à accepter de s'en détourner pour le salut de leurs âmes par les soins de la nouvelle doctrine, celle réputée pour leur assurer la transformation à l'image et selon la ressemblance de Dieu.

En attendant de continuer notre développement, ressourçons-nous dans les versets suivants :

Réf bibliques : Mathieu : 23 V 1 - 3.

Alors Jésus, parlant à la foule et à ses disciples, dit :

Les scribes et les pharisiens sont assis dans la chaire de Moise.

Faites donc et observez tout ce qu'ils vous disent ; mais n'agissez pas selon leurs œuvres. Car ils disent, et ne le font pas.

A partir donc du contenu des versets ci-dessus, le seigneur Jésus tiendra l'allocution par laquelle il statuait les têtes de pont de la doctrine mosaïque laquelle leur offrait de nombreux profits de manière à exploiter même leurs frères et sœurs de communauté sans la moindre retenue et ce faisant, étaient au service du diable sans le savoir parce que croyant toujours travailler pour Dieu.

Mais il ne s'arrêtera pas là, puisqu'il continuera à les dénoncer au point de les présenter comme des mauvais modèles de leaders qu'il n'était pas normal au peuple de suivre et de prendre en exemple.

On notera encore ce qui suit :

Réf bibliques : Mathieu : 23 V 24 - 28.

Conducteurs aveugles ! Qui coulez le moucheron, et qui avalez le chameau.

Malheur à vous, scribes et pharisiens hypocrites ! Parce que vous nettoyez le dehors de la coupe et du plat, et qu'au dedans ils sont pleins de rapine et d'intemperance.

Pharisiens aveugles ! Nettoyez premièrement l'intérieur de la coupe et du plat, afin que l'extérieur aussi devienne net.

Malheur à vous scribes et pharisiens hypocrites ! Parce que vous ressemblez à des sépulcres blanchis, qui paraissent beaux au-dehors, et qui, au-dedans, sont pleins d'ossements de morts et de toute espèce d'impuretés.

Vous de même, au-dehors, vous paraissez justes aux hommes, mais au-dedans, vous êtes pleins d'hypocrisie et d'iniquité

Sur la base du contenu des versets ci-dessus, nous pouvons clairement remarquer le caractère dangereux et pervers de la doctrine mosaïque à travers la vie de ceux qui s'y accrochent qui s'y plaisaient à cause de tout ce qu'ils tirent comme supposés avantages sans savoir que c'était au péril de leurs vies.

Il est vrai et connu de leur temps, qu'ils étaient à l'œuvre pour Dieu dans le rôle et mission de conduire le peuple par des enseignements et l'observation des prescriptions susceptibles de les rendre conforme à l'image et selon la ressemblance de Dieu, encore appelé la justice de Dieu.

Il faut rappeler que l'un des aspects séduisant de leur œuvre doctrinale était leur intention de parvenir à réaliser ce projet de Dieu dans le domaine ou dimension physique ou charnelle c'est à dire de manière à voir des yeux le résultat de leur travail sur le peuple comme si celui pour qui ils étaient en train de travailler était attaché aux choses visibles, lui qui n'approuve que la marche non par la vue mais plutôt par la foi.

Ce qui allait occasionner en leur sein de développer une vie d'hypocrisie et de manipulation les uns à l'égard des autres pour essayer de se faire passer pour ce qu'ils ne sont vraiment pas.

Ils allaient se concentrer plus sur la gestion de leur apparence dans le but de paraître bons aux yeux de leurs confrères et d'attirer sur eux, l'attention et les regards d'appréciation de louange et d'honneur de ces derniers, ignorant éperdument qu'ils travaillaient pour celui qui est le Père des esprits et qui fonde sa relation avec quiconque sur la base spirituelle quoique propriétaire de l'invisible et du visible.

Il y a autant d'éléments par lesquels le seigneur Jésus allait dénoncer ce ministère fondé sur la doctrine mosaïque, non que le ministère en lui-même est mauvais, mais facilement manipulable par le séducteur c'est à dire le diable à des fins d'éloigner les croyants de leur Dieu pour s'assurer de la perte définitive de leurs âmes.

Ce ministère basé sur la doctrine mosaïque sera qualifié à d'autres niveaux des évènements bibliques de celui de repentance ou de péché que le prophète Jean Baptiste aura à la fin des temps le privilège de conduire.

Il n'hésitera pas lors de son ministère à identifier ceux qui en principe devraient être des gens transformés à l'image et selon la ressemblance à partir de la doctrine mosaïque, comme des membres d'une race que les saintes écritures nous aideront à découvrir.

Réf bibliques : Mathieu : 3 V 5 - 7.

Les habitants de Jérusalem, de toute la Judée et de tout le pays des environs du Jourdain, se rendaient auprès de lui ;

Et confessant leurs péchés, ils se faisaient baptiser par lui dans le Jourdain.

Mais voyant venir à son baptême beaucoup de pharisiens et de sadducéens, il leur dit: Races de vipères, qui vous a appris à fuir la colère à venir.

Et ce sera la manière dont le prophète Jean Baptiste traitait ceux qui couraient vers lui pour se faire baptiser en occurence, les pharisiens et les sadducéens qui étaient regardés comme des têtes de pont de ce ministère charnellement juteux.

Mais ce ne sera pas lui seul qui fera de telle observation, mais le seigneur Jésus, le réformateur du ministère de Dieu ne tardera à lui emboîter les pats, et les versets suivants nous en renseigneront davantage.

Réf bibliques : Mathieu : 12 V 34 ; 23 V 33.

Races de vipères, comment pourriez-vous dire de bonnes choses, méchants comme vous l'êtes ?

Car c'est de l'abondance du cœur que la bouche parle.

Serpents, race de vipères !

Comment échapperez-vous au châtiment de la géhenne ?

Ainsi à partir de ces versets ci-dessus, nous pouvons remarquer combien le seigneur Jésus lui-même viendra enfoncer le clou dans ce regard critique jeté en premier lieu par le prophète Jean Baptiste sur les disciples produits par la doctrine mosaïque lesquels en fonction des thèmes utilisés donne vraiment à s'interroger.

Ce qui sous entend qu'en lieu et place des disciples faits à l'image et selon la ressemblance de Dieu, la doctrine mosaïque n'avait produit que des serpents et pas n'importe lesquels, mais des vipères et cette précision en fonction des caractéristiques propres à ce type de serpent.

Commençons à cet effet par rappeler comme une suite aux différents commentaires précédemment faits que le disciple est un prototype de son leader ou son personnage de référence, et serpent sera l'un des rares mots par lesquels lucifer avait été qualifié le long des saintes écritures.

Nous avions aussi démontré que la loi des interdits si juste et bonne qu'elle soit, et ayant servi de base pour la doctrine mosaïque avait fait objet de mauvaise interprétation par le diable aux oreilles de ceux à qui elle avait été donnée et avait causé leur chute et corruption c'est à dire leur mort spirituelle.

En conséquence la doctrine qui proviendra plutard d'elle et confiée à ceux-là déjà corrompus par le péché allait produire des disciples, non à l'image et selon la ressemblance de Dieu, mais du diable ou encore appelé le serpent.

Ainsi, au lieu d'une race de peuple propre à l'image et selon la ressemblance de Dieu le créateur, la doctrine mosaïque n'avait réussi à produire qu'une race à l'image et selon la ressemblance du serpent qui en réalité est le diable et précisément, lucifer.

Et c'est dans le plan de corriger cet état de chose que l'Eternel Dieu allait décider d'envoyer son Fils unique en qualité de réformateur du ministère divin pris en otage par le malin et par conséquent, ceux qui y exercent comme fonction.

A présent, remontant à notre verset principal lequel mettait en relief l'entretien entre le seigneur Jésus et la femme samaritaine, nous découvrons l'invitation du seigneur à l'endroit de la femme pour désirer une eau de nature à régler une fois pour de bon la question de la soif qui faisait courir les croyants dont la femme était une figure illustrative.

Il lui disait : Si tu bois de l'eau que j'avais avec moi, tu n'auras plus à revenir prochainement à ce puits chercher de l'eau à boire, puisqu'elle restera en toi et avec toi pour l'éternité, ce qui d'ailleurs allait créer le sursaut apéritif de la femme.

Mais de quelle eau parlait le seigneur Jésus, et à quoi ressemblerait-elle ?

Est-ce le liquide ou la boisson à laquelle est attachée notre corps physique et anatomique indispensable au bon fonctionnement de l'organisme humain, ou toute chair ?

Nullement !

Le seigneur Jésus faisait une allégorie entre la doctrine mosaïque à laquelle tous les croyants se réclamant de la descendance d'Abraham à cette époque étaient attachées et celle qu'il les avait apporté et dont il était lui-même la figure illustrative.

Il utilisera durant son séjour ministériel terrestre, plusieurs formules susceptibles de révéler qui il était au milieu d'eux et sa mission spécialement destinée à leur cause.

Réf bibliques : Jean : 14 V 6 ; 15 V 14 - 15.

Jésus lui dit : Je suis le chemin, la vérité et la vie. Nul ne vient au Père que par moi.

Vous êtes mes amis, si vous faites ce que je vous commande.

Je ne vous appelle plus serviteurs, parce que le serviteur ne sait pas ce que fait son maître ; mais je vous ai appelé amis, parce que je vous ai fait connaître tout ce que j'ai appris de mon Père.

De ces versets ci-dessus, nous pouvons découvrir quelques termes par lesquels le seigneur Jésus allait commencer par se présenter en tant que doctrine à ceux qui lui prêtaient oreilles attentives et le résultat que pouvait produire une telle doctrine dans la vie ceux qui l'approuvaient et l'acceptaient à sa juste valeur.

Un résultat qui s'identifierait exactement à l'expérience d'Abraham leur père qui était devenu ami de Dieu pour avoir cru en ce dernier.

Et pour rappel, on notera ce qui suit :

Réf bibliques : Jacques : 2 V 23.

Ainsi, s'accomplit ce que dit l'écriture : Abraham crut à Dieu, et celà lui fut imputé à justice ; et il fut appelé ami de Dieu.

Qu'il vous souvienne que l'un des moments les plus houleux en conflit d'opinion du seigneur Jésus dans son ministère, était quand il cherchait à persuader un groupe d'individus qui se réclamaient de la descendance d'Abraham et qu'ils prenaient pour leur père, mais qui seront à la suite des discussions surpris de réaliser que leur interlocuteur ne se contentait pas de leurs arguments, jusqu'à finir par les identifier en fils du diable.

Oui ils étaient effectivement des fils d'Abraham selon la chair, mais quant à l'esprit, ils sont de la race corrompue qualifiée de celle du serpent et avaient impérativement besoin de se soumettre aux réformes apportées par le seigneur Jésus afin d'expérimenter le rachat de leurs âmes et reconnectés à Abraham qui était qualifié d'ami de Dieu par sa foi.

Mais l'exemple ne tardera pas à venir puisque certains auront cru au seigneur Jésus, et seront appelés ses amis, comme ce fut le cas d'Abraham avec Dieu.

Réf bibliques : Romains : 4 V 16.

C'est pourquoi les héritiers le sont par la foi, pour que ce soit par grâce, afin que la promesse soit assurée à toute la postérité, non seulement à celle qui est sous la loi, mais aussi à celle qui a la foi d'Abraham, notre père à tous...

Et le contenu du verset ci-dessus pour confirmer la paternité d'Abraham sur les disciples accouchés par le discipolat du seigneur Jésus, lesquels relèvent de la race pure et sainte, contrairement à celle qui devrait s'identifier encore au serpent.

Ils seront des disciples du seigneur Jésus, et correspondront à une nouvelle génération de croyants et adorateurs conformément à la demande de Dieu en des termes : à l'image et selon la ressemblance de Dieu.

C'est le lieu de rappeler aussi que le mot ami dans ce contexte précis revêt son sens d'origine et désigne celui qui porte des traits ou valeurs d'identité caractéristique assorties d'un personnage de référence.

Il allait leur préciser que lui qui faisait une unité avec le Père, allait leur donner tout ce qu'il avait reçu de son Père de manière à ce qu'ils soient aussi désormais considérés tels les héritiers directs de Dieu le Père et formés désormais une unité avec lui.

Ils seront tout comme le seigneur Jésus, le Fils unique de Dieu, un peuple acquis à l'image et selon la ressemblance de Dieu.

Réf bibliques : Jean : 16 V 23, 26 - 27 ; Romains : 8 V 16 - 17.

En ce jour-là, vous ne m'interrogerez plus sur rien. En vérité, en vérité, je vous le dis, ce que vous demanderez au Père, il vous le donnera en mon nom.

En ce jour, vous demanderez en mon nom, et je ne vous dis pas que je prierai le Père pour vous ;

Car le Père lui-même vous aime, parce que vous m'avez aimé, et vous avez cru que je suis sorti de Dieu.

L'Esprit lui-même, rend témoignage à notre esprit que nous sommes enfants de Dieu.

Or, si nous sommes enfants, nous sommes aussi héritiers ; héritiers de Dieu, et cohéritiers de Christ, si toutefois nous souffrons avec lui, afin d'être glorifiés avec lui.

Du contenu donc des versets ci-dessus, nous découvrons l'attitude du seigneur Jésus qui n'avait pas trouvé autre intérêt dans sa mission que celui de conduire le peuple à s'identifier en Dieu pour devenir des fils et des héritiers de son Père, autrefois leur Dieu, mais désormais leur Père aussi par la bonne administration de son discipolat.

Il n'hésitera à adopter l'humilité au plus haut degré afin de s'assurer de racheter pour la gloire de son Père avec qui il formait une unité au point de les prendre pour ses frères, malgré leur état autrefois, impur et impropre à la nature de leur Dieu.

On notera ce qui suit :

Réf bibliques : Hébreux : 2 V 11 - 12.

Car celui qui sanctifie et ceux qui sont sanctifiés sont tous issus d'un seul. C'est pourquoi il n'a pas honte de les appeler frères,

Lorsqu'il dit :

J'annoncerai ton nom à les frères,

Je te célébrerai au milieu de l'assemblée,

Et encore :

Je me confierai à toi.

Et encore :

Me voici, moi et les enfants que Dieu m'a donnés.

Ainsi donc, puisque les enfants participent au sang et à la chair, il y a également participé lui-même, afin que, par la mort, il anéantit celui qui a la puissance de la mort, c'est à dire le diable.

Et qu'il délivra tous ceux qui, par crainte de la mort, étaient toute leur vie retenus dans la servitude.

Le contenu des précédents versets nous offre quelques détails sur la grandeur du réformateur, le seigneur Jésus, qui ne s'était pas livré à la complexe de supériorité, mais s'était humilié en se confirmant à la catégorie des gens qui autrefois n'étaient pas dignes de partager le même milieu de vie que lui jusqu'à s'apparenter aux membres de sa famille.

Il allait œuvrer pour briser les protocoles et toute forme d'obstacles susceptibles d'empêcher leurs élections à la sainte et glorieuse famille de Dieu. Et celà par sa mort en sacrifice pour eux et sa résurrection pour leur justification, laquelle correspondait à leur identification à l'image et selon la ressemblance avec Dieu.

Il aura de ce fait, sujet de se réjouir en famille avec eux, qu'il prend désormais pour ses frères et cohéritiers à l'égard de Dieu, le Père à eux tous.

L'efficacité de son discipolat sera davantage approuvée par des résultats tangibles qui impacteront toutes les régions, même les plus mystérieuses qui entourent la vie de l'être humain, à savoir, la mort et le séjour des morts.

Réf bibliques : Apocalypse : 1 V 17 - 18 ; 5 V 9 - 10.

Quand je le vis, je tombai à ses pieds comme mort. Il posa sur moi sa main droite, en disant : Ne crains point ! Je suis le premier et le dernier,

Et le vivant. J'étais mort ; et voici, je suis vivant aux siècles des siècles. Je tiens les clés de la mort et du séjour des morts.

Et ils chantaient un cantique nouveau, en disant : Tu es digne de prendre le livre, et d'en ouvrir les sceaux ; car tu as été immolé, et tu as racheté pour Dieu par ton sang des hommes de toute tribu, de toute langue, de tout peuple, et de toute nation ;

Tu as fait d'eux un royaume et des sacrificateurs pour notre Dieu, et ils régneront sur la terre.

Et ci-dessus, les témoignages multidimensionnels du discipolat de Christ qui par son œuvre de sacrifice au bénéfice de l'humanité avait combattu avec succès le serpent et toutes les forces sur lesquelles il s'appuyait pour asseoir et maintenir son règne de domination et de captivité sur les croyants autrefois enroulés dans la doctrine mosaïque laquelle était devenue un piège permanent sur leur chemin.

Ces réformes au service du ministère divin permettra à ses disciples d'avoir une compréhension claire de l'intérêt et du rôle de la loi des interdits dans la marche relationnelle des croyants avec Dieu afin qu'ils puissent développer une vie de vrais adorateurs en l'honneur de Dieu, qui les reçoit désormais tels ses fils et ses héritiers en Jésus-Christ. Prenons en considération les versets suivants :

Réf bibliques : Romains : 10 V 3 - 4 ; Galates : 3 V 23 - 29.

Avant que la foi vint, nous étions enfermés sous la garde de la loi, en vue de la foi qui devait être révélée.

Ainsi la loi a été comme un pédagogue pour nous conduire à Christ, afin que nous fussions justifiés par la foi.

La foi étant venue, nous ne sommes plus sous ce pédagogue.

Car vous êtes tous fils de Dieu par la foi en Jésus-Christ.

Vous tous, qui avez et baptisés en Christ, vous avez revêtu Christ.

Il n'y a plus ni juif ni grec, il n'y a plus ni esclave ni libre, il n'y a plus ni homme ni femme ; car tous vous êtes un en Jésus-Christ.

Et si vous êtes à Christ, vous êtes donc la postérité d'Abraham, héritiers selon la promesse.

Nous voyons encore à partir du contenu des versets ci-dessus l'impact de l'œuvre réformatrice du sauveur Jésus-Christ qui a non seulement atteint les limites de la loi, mais de plus les dépasser pour amener à existence une nouvelle race diamétralement opposée à celle du serpents et de vipères occasionnée par la doctrine mosaïque, non à cause de la doctrine elle-même, mais de la saisine du diable pour en faire un outil de conquête des âmes.

Une nouvelle race, oui !

Il s'agira d'une nouvelle race à l'image et selon la ressemblance de Dieu et qualifiée pour offrir à Dieu le Père, des adorations en esprit et en vérité. Et les versets suivants le confirment bien.

Réf bibliques : 1 Pierre : 2 V 9

Vous, au contraire, vous êtes une race élue, un sacerdoce royal, une nation sainte, un peuple acquis, afin que vous annonciez les vertus de celui qui vous a appelés des ténèbres à son admirable lumière.

Vous qui autrefois n'étiez pas un peuple, et qui maintenant êtes le peuple de Dieu, vous qui n'aviez pas obtenu miséricorde, et qui maintenant avez obtenu miséricorde.

Et par les mots du contenu des précédents versets, nous pouvons réaliser le fruit de l'œuvre du seigneur Jésus-Christ qui pouvait se traduire par la valorisation des croyants lesquels autrefois n'étaient pas un peuple malgré les titres et qualifications qu'ils se donnaient, mais sont devenus un peuple saint et béni de Dieu.

Des rois et des sacrificateurs acquis pour servir dans un sacerdoce de justice et de vérité non à la satisfaction de l'orgueil de la chair, mais en l'honneur de celui le seul qui est digne de recevoir la louange et la gloire aux siècles des siècles et qui est béni éternellement.

Il faut dire que nous avons encore beaucoup de choses à dire et à démontrer en ce qui concerne les éléments susceptibles d'accréditer le discipolat biblique approuvé par le Seigneur, en réponse au caractère interrogatif de notre chapitre soumis à l'étude.

Et ce sera sur ces mots que nous mettons un terme au développement du présent chapitre de notre étude.

Chapitre : 6

Impact et conséquence du discipolat.

Nous allons aborder ce chapitre de notre étude par le volet impact du discipolat au sein de la société humaine en général, et les croyants en particulier.

C'est le lieu de rappeler que l'impact du discipolat touche à priori la société humaine à partir des cercles religieux et pouvait évoluer d'un milieu de vie culturelle et cultuelle à un autre.

On dénotera la pluralité des civilisations et des systèmes religieux autour desquels fédèrent les gens de divers horizons et de diverses sources de base éducationnelle.

Le discipolat n'épargnera aucun secteur de la société humaine même si plusieurs peinent à en prendre conscience, et sera bien présent autant sur les scènes politiques qu'au niveau des différentes associations des communautés de base.

Et pour rappel, nous avions déjà prouvé qu'il n'est rien d'autre qu'un programme bien conçu et élaboré par des valeurs de transition et de transmission assorties d'un modèle de personnage érigé en doctrine de base, et servi de référentiel pour la perpétuité dudit idéal.

Le discipolat par son impact sur des peuples, servira aussi de source d'influence de certains leaders sur la majorité de ceux qui sont considérés comme des disciples au point de provoquer de la part de ceux-ci, des approches de vénération et du suivisme envers ces leaders lesquels à certains endroits sont sincères, et à d'autres, sont dépourvus de tout repert de moralité.

Lorsque que nous nous référons aux différents cercles religieux, le discipolat aura un impact plus visible au point de susciter la guerre des clans, de sorte que chacun s'évertuera parfois même avec des zèles à prêcher pour son clan.

Le discipolat en tant que outil adéquat pour véhiculer des idéologies, peut se transformer par mauvais usage en instrument d'égarement et de destruction de certaines poches de la société humaine, et celà généralement au profit des leaders qui s'y attelent juste à cause de leurs intérêts égoïstes et pervers, et les saintes écritures ne manqueront d'en fournir des exemples.

Et ce sera l'occasion d'affranchir l'aspect impact pour celui des conséquences du discipolat.

S'agissant des conséquences du discipolat, lesquelles auront presque les mêmes aspects d'appréciation que l'impact, à la différence qu'elles se reposeront sur des exemples palpables que nous prendrons le soin de tirer des saintes écritures pour le bonheur des uns et des autres.

Et comme nous l'avions démontré dans les précédents chapitres de notre étude, le discipolat va occasionner tant bien que mal, beaucoup de déroutes et d'égarements de ses administrés, parfois à cause du contenu et aussi de ceux qui le conduisent.

Nous avons pour preuve quelques exemples dont voici :

Réf bibliques : 2 Corinthiens : 2 V 17 ; 3 V 14 - 17.

Car nous ne falsifions point la parole de Dieu, comme font plusieurs ; mais c'est avec sincérité, mais c'est de la part de Dieu, que nous parlons en Christ devant Dieu.

Mais ils sont devenus durs d'entendement. Car jusqu'à ce jour le même voile demeure quand, ils font la lecture de l'Ancien Testament, et il ne se lève pas, parce que c'est en Christ qu'il disparaît.

Jusqu'à ce jour, quand on lit Moïse, un voile est jeté sur leurs cœurs ; mais lorsque les cœurs se convertissent au Seigneur, le voile est ôté.

Or, le Seigneur c'est L'Esprit ; et là où est L'Esprit du Seigneur, là est la liberté.

Il sera constaté d'après le contenu des versets ci-dessus qu'il y a des gens ou serviteurs qui falsifient la parole de Dieu, et qui ne sont pas en petit nombre, mais plusieurs selon les écritures.

En attendant de continuer notre développement, il faut souligner qu'il ne s'agit pas seulement d'un constat comme le présentent les saintes écritures, mais des faits qui restent toujours d'actualité.

Au temps des disciples dont l'apôtre Paul par exemple, cette réalité faisait partir de l'un des principaux sujets de son combat dans son ministère et pouvait le conduire à se réclamer de défenseur de l'Evangile.

Lorsque nous abordons la suite des versets, nous pouvons constater qu'il y en a de divers ordres pour ce qui concerne ces ouvriers, en sorte que certains le font par manque de révélation sur la vérité de Dieu en entraînant des foules à leurs soldes.

Ceux-là, liés par l'ignorance, utilisent la parole à tord et à travers avec beaucoup de zèles croyant travailler pour Dieu, jusqu'au jour où le Seigneur lui-même leur fait don de sa grâce pour leur affranchissement.

On en a pour preuve, les exemples suivants :

Réf bibliques : Romains : 10 V 1 - 4.

Frères, le vœu de mon cœur et ma prière à Dieu pour eux, c'est qu'ils soient sauvés.

Je leur rends le témoignage qu'ils ont du zèle pour Dieu, mais sans intelligence :

Ne connaissant pas la justice de Dieu, et cherchant à établir leur propre justice, ils ne se sont pas soumis à la justice de Dieu ;

Car Christ est la fin de la loi pour la justification de tous ceux qui croient.

Et c'est en référence à ces versets ci-dessus que plusieurs continuent de s'accrocher corps et âme à la doctrine mosaïque dans l'intention de connaître la justice de Dieu laquelle correspond à l'image et selon la ressemblance de Dieu.

Il est vrai qu'ils sont animés de bonnes intentions, voir même de très bonnes intentions, sauf qu'ils ne cessent de s'éloigner au jour le jour de la vérité à cause de la dureté de leurs cœurs et leur manque de capacité spirituelle à se soumettre à la volonté de Dieu en Christ contre les agitations de leurs chairs.

Ils trouvent toujours des excuses pour se défendre dans leur ignorance et ne font que s'enliser dans ce qui cause leur égarement.

Les saintes écritures regorgent autant d'exemples de ce type d'adorateurs qui n'arrêtent de se multiplier par les moyens de transition et de transmission d'un individu à l'autre.

Nous avons le cas de l'apôtre Pierre par exemple qui à l'époque n'était pas encore prêt à abandonner le mauvais héritage par lequel bon nombre d'eux s'étaient érigés en serviteurs de Dieu sans se laisser persuader par la vérité de Dieu en Christ malgré leur supposée conversion.

Réf bibliques : Mathieu : 17 V 2 - 5 ; Galates : 2 V 11 - 14.

Jésus fut transfiguré devant eux ; son visage resplendit comme le soleil, et ses vêtements devinrent blancs comme la lumière.

Et voici, Moïse et Elie leur apparurent, s'entretenant avec lui.

Pierre, prenant la parole, dit à Jésus : Seigneur, il est bon que nous soyons ici ; si tu le veux, je dresserai ici trois tentes, une pour toi, une pour Moïse et une pour Elie.

Comme il parlait encore, une nuée lumineuse lésé couvrit. Et voici, une voix fit entendre de la nuée ces paroles : Celui-ci est mon Fils bien aimé, en qui j'ai mis toute mon affection : écoutez-le !

De ces versets, nous pouvons remarquer le comportement répréhensible de l'apôtre Pierre qui n'hésita pas à traîter au même pieds d'égalité les serviteurs de Dieu, les prophètes Moïse et Elie avec le seigneur Jésus-Christ.

Et oui ! L'apôtre ne faisait point de différence sur le statut de ces trois hommes qui leur étaient apparus dans cette vision divine.

Toutefois, ce sera l'occasion à l'Eternel Dieu, à qui rien n'est caché et de qui dépend le salut de quiconque, de mettre à nu le cœur de ces disciples à partir des déclarations de l'apôtre Pierre qui faisait déjà partir des leaders pour conduire le ministère que le

Seigneur comptait confier à ceux qui avaient accepté son appel et l'avaient suivis pour une nouvelle naissance spirituelle.

En l'état, l'apôtre Pierre et ses deux frères étaient une proie permanente pour le malin d'où il était nécessaire que le Seigneur agisse ainsi afin de préserver leurs vies des ruses du malin qui ne cesse de lutter sans relâche pour la perte des âmes, avec à la main, la doctrine mosaïque comme instrument efficace pour l'atteinte de ses objectifs.

Toutefois, cette expérience ne sera pas suffisant pour persuader l'apôtre du véritable détachement de son ancienne vie pour une conversion juste et approuvée.

Le seigneur Jésus devra continuer de veiller sur les apôtres, et particulièrement le cas de Pierre qui ne se limite qu'à la bouche mais un cœur demeurer fermer à l'accès du Saint-Esprit.

Et c'est ce qu'on découvrira dans la suite des versets.

Réf bibliques : Galates : 2 V 11 - 14.

Mais lorsque Céphas vint à Antioche, je lui résister en face, parce qu'il était répréhensible.

En effet, avant l'arrivée de quelques personnes envoyées par Jacques, il mangeait avec les païens ; et, quand elles furent venues, il s'esquiva et se tint à l'écart, par crainte des circoncis.

Avec lui, les autres juifs usèrent aussi de la dissimulation, en sorte que Barnabas même fût entraîné par leur hypocrisie.

Voyant qu'ils ne marchaient pas droit selon la vérité de l'Evangile, je dis à Céphas, en présence de tous : Si toi qui est juif, tu vis à la manière des païens, et non à la manière des juifs, pourquoi forces-tu les païens à se judaïser ?

Et comme nous l'avions précédemment évoqué, l'apôtre Pierre en tant que figure très influente au milieu des disciples du seigneur Jésus-Christ devra bénéficier d'une attention particulière de la part de l'Eternel afin de le garder de la rétrogradation spirituelle, encore qu'il était regardé comme un modèle pour plusieurs dans le ministère.

Et à l'absence du Seigneur lui-même qui n'était plus physiquement sur la terre, c'est l'apôtre Paul qui recevra la grâce de s'occuper de ce dernier avec beaucoup de vigueurs à son égard pour s'assurer de toucher sa conscience, et non seulement lui, mais un nombre important de croyants qui le suivaient dans ses exactions.

Et c'est juste sur ces exemples que nous arrêtons l'étude du cas de ceux qui falsifient la parole de Dieu non de manière intentionnelle, mais par manque de connaissance de la vérité.

Toutefois, il y en a d'autres qui le font par des motivations d'intérêts personnels et pour des gains sordides.

Ils seront considérés comme des agents au service du malin parce que travaillant pour ce monde de ténèbres et du désespoir.

L'apôtre n'hésitera pas à faire cas d'eux, et s'attelera à prévenir les croyants des risques encourus en suivant de tels ouvriers vaincus par le mal.

On notera les exemples suivants :

Réf bibliques : 2 Thessaloniciens : 2 V 3 - 4, 9 - 12.

Que personne ne vous séduise d'aucune manière ; car il faut que l'apostasie soit arrivée auparavant, et qu'on ait vu paraître l'homme du péché, le fils de la perdition,

L'adversaire qui s'élève au-dessus de tout ce qu'on appelle Dieu ou de ce qu'on adore, jusqu'à s'asseoir dans le temple de Dieu, se proclamant lui-même Dieu.

L'apparition de cet impie se fera, par la puissance de Satan, avec toutes sortes de miracles, de signes et de prodiges mensongères.

Et avec toutes les séductions de l'iniquité pour ceux qui périssent parce qu'ils n'ont pas reçu l'amour de la vérité pour être sauvés.

Aussi Dieu leur envoie une puissance d'égarement, pour qu'ils croient au mensonge,

Afin que tous ceux qui n'ont pas cru à la vérité, mais qui ont pris plaisir à l'injustice, soient condamnés.

Ainsi, à partir du contenu des versets ci-dessus, on notera la démarche à caractère préventif et avertisseur de l'apôtre qui insistait sur ce que les croyants devraient savoir concernant les manœuvres frauduleuses et rusées de Satan qui s'acharnera dans la suite des temps contre le corps de Christ non pas par une méthode naturellement violente à les repousser de lui, mais de la pure séduction par l'usage de la vie de miracles, des signes et de prodiges à laquelle ils étaient habitués afin de pouvoir s'assurer d'une plus grande facilité à les dissuader et précipiter leurs pertes.

Il fera usage des formules appropriées pour à la fois les prévenir et les rassurer de manière à disposer d'une bonne capacité de discernement à l'égard des évènements auxquels ils étaient appelés à faire face.

Et ces enseignements s'avèrent nécessaire pour les croyants de tous les âges c'est à dire de cette époque et ceux d'à présent, afin qu'ils sachent raison gardée en vue des jugements ou des préjugés dont ils se livrent habituellement.

Et ce sera les conséquences fâcheuses ou les inconvénients du discipolat lorsqu'il est utilisé à fin personnelle et orgueilleuse, quoique bon et très utile pour produire des disciples exercés pour la paix et la concorde au sein des différentes couches de la société.

Toutefois, un dernier exemple parmi les milliers que nous offrent les saintes écritures comme conséquence fâcheuse du discipolat sera encore mis à profit de notre étude.

Réf bibliques : Actes : 21 V 38.

Tu n'es donc pas cet égyptien qui s'est révolté dernièrement, et qui a emmené dans le désert quatre mille brigands.

Il faut rappeler que ce contenu est l'extrait d'un événement qui servait de cadre de défense de l'apôtre Paul face à certaines accusations qui étaient retenues contre lui et qui avaient nécessité sa comparution devant certaines instances administratives de leur époque.

Et comme nous l'avions précédemment évoqué, l'un des chefs d'accusation concernait sa tentative d'introduire au milieu des juifs une idéologie à caractère doctrinale que ces détracteurs estimaient inadmissible et inappropriée par peur de convaincre les croyants qui lui prêtaient bonne attention et de les ralier à sa solde.

Ce qu'ils considèrent comme du déjà vu, et s'efforçaient par tous les moyens pour se prémunir des conséquences d'une telle action.

Ce qui impressionnera même le responsable administratif qui se chargeait d'écouter l'apôtre et celà par référence à un scénario pareil qui se serait déjà produit sur leur territoire et dont les conséquences n'étaient pas les moindres. Ce qui correspond à notre exemple soumis à l'étude.

Ce qui importe de noter dans cet extrait de versets est de chercher à savoir le moyen par lequel l'égyptien avait réussi à amener avec lui un tel effectif d'individus.

Et ce sera encore la force du discipolat, puisque tous ces brigands avaient certainement pris cet égyptien pour leur leader qu'il soit animé d'une bonne ou mauvaise intention.

La preuve, qu'un si grand effectif avait décidé de le suivre dans sa révolte, et celà avec tous les risques que nous ne saurions énumérés.

Certainement, ils ont découvert en lui quelque chose, qu'eux n'en disposaient pas.

Ils ont été certainement séduits par certaines valeurs que cet égyptien incarnait pour se permettre de le suivre dans son aventure.

Et c'est ainsi que nombre de leaders religieux et d'autres secteurs de la société embaubinent les gens de diverses sensibilités autour de leur conviction personnelle ou à d'autres fins l'atteinte des divers objectifs qu'ils se fixent eux-mêmes ou pour lesquels ils travaillent.

Et dans le cas d'espèce, il faut souligner que ce qui avait conduit l'apôtre à se retrouver dans ce pétrin était lié à sa mission divine de porter l'Evangile de Dieu aux peuples pour en faire des disciples de Jésus-Christ et des adorateurs conformes à l'image et selon la ressemblance de Dieu.

Et comme l'expérience autrefois enregistrée par le seigneur Jésus lui-même alors qu'il était encore sur terre, ces détracteurs de l'apôtre étaient toujours des juifs attachés à la doctrine mosaïque supposée héritage de leurs pères et ne nécessitant tout ce qui était de leur pouvoir pour sa défense ou sa conservation.

Se faisant, ils s'estimaient étant à l'œuvre et au service de Dieu comme des gardiens au service de la tradition juive et des choses qui y sont rattachées, et pouvaient même se réclamer des disciples de Moïse.

Réf bibliques : Jean : 9 V 28 - 29.

Ils l'injurièrent et dirent :

C'est toi qui es son disciple ; nous, nous sommes les disciples de Moïse.

Nous savons que Dieu a parlé à Moïse ; mais celui-ci, nous ne savons d'où il est.

Et c'est ainsi qu'à l'image de ces juifs, des gens s'érigent en leaders conservateurs des idéologies diverses lesquelles ne sont fondées sur rien de salutaire pour ceux qui y adhèrent et ne sont utiles que pour les dépouiller et les dévaliser du minimum de leur autonomie intellectuelle et de productivité.

Et nous croyons avoir été encore utile pour ce qui concerne l'impact et les conséquences du discipolat qui ne sauraient se limiter à ces quelques présentations.

Chapitre : 7

Diverses références bibliques de fruits du discipolat.

Ce chapitre de notre développement nous occupera à dégager des saintes écritures quelques exemples susceptibles de révéler quelques aspects des résultats obtenus à partir de l'exercice du discipolat, et sans plus tarder nous allons commencer par le cas du prophète Moïse qui reste le principal de toute la bible quoique n'étant pas celui approuvé par le Seigneur.

Réf bibliques : Exode : 19 V 9 ; 32 V 7 , 26 - 28.

Et l'Eternel dit à Moïse : Voici, je viendrai vers toi dans une épaisse nuée, afin que le peuple entende quand je te parlerai, et qu'il ait toujours confiance en toi. Moïse rapporta les paroles du peuple à l'Eternel.

L'Eternel dit à Moïse : Va, descends ; car ton peuple, que tu as fait sortir du pays d'Egypte , s'est corrompu. Moïse se plaça à la porte du camp, et dit : A moi ceux qui sont pour l'Eternel ! Et tous les enfants de Lévi s'assemblèrent auprès de lui.

Il leur dit : Ainsi parle l'Eternel, le Dieu d'Israël : Que chacun de vous mette son épée au côté ; traversez et parcourez le camp d'une porte à l'autre, et que chacun tue son frère, son parent.

Les enfants de Lévi firent ce qu'ordonnait Moïse ; et environ trois mille hommes parmi le peuple périrent en cette journée.

Du contenu de ces versets ci-dessus, nous pouvons découvrir la démarche de l'Eternel Dieu à donner une figure de leader à son serviteur le prophète Moïse qui a connu la même naissance biologique que ses confrères et issu de la même race corrompue adamique, mais qui aura été le choix du Tout-puissant pour conduire le peuple qu'il s'était lui-même sanctifié et délivrer par son bras puissant en référence aux promesses qu'il avait faite à leurs pères, Abraham ; Isaac et Jacob.

Au cours de cette marche de pèlerinage, l'Eternel Dieu ne se contentera pas seulement de travailler de manière à attirer toute l'attention du peuple sur son prophète, mais il parlera du peuple à son prophète comme le lui appartenant, un peu comme si l'avenir dudit peuple dépendait de ce dernier.

Ce qui allait prendre la tête à son serviteur, le prophète Moïse, qui n'hésitera à un moment de leur histoire de décider du sort d'une importante partie de ce peuple par l'exécution d'un jugement qu'il s'était auto prononcé, sans au préalable consulter le véritable propriétaire du troupeau.

Il ferait usage des formules propres à lui pour rendre visible ses disciples lesquels n'hésiteront à le suivre dans sa salle besogne.

Il exécutera ainsi, et en une seule journée, un effectif d'environ trois mille hommes parmi tout le peuple à la tête duquel il se trouvait. Et ce sera ainsi la fin de l'étude du cas du prophète Moïse pour un autre exemple afin d'éviter de sortir de notre cadre de développement.

Réf bibliques : 1 Samuel : 25 V 12 - 13.

Les gens de David rebroussèrent chemin ; ils s'en retournèrent, et redirent, à leur arrivée, toutes ces paroles à David.

Alors David dit à ses gens : Que chacun de vous ceigne son épée !

Et ils ceignirent chacun leur épée.

David aussi ceignit son épée, et environ quatre cents hommes montèrent à sa suite.

Il en resta deux cents près des bagages.

Le contenu ci-dessus n'est que quelques extraits des longues pages retraçant une partie de l'histoire de la vie de David pendant qu'il fuyait le roi Saül et en conséquence, vivait loin de la maison de son père et même du territoire d'Israël.

Ce qui va nous impressionner dans ce récit, est que très tôt, ce jeune homme de David malgré sa fuite continue, s'était déjà bâti un personnage de leader autour duquel s'atroupait un important nombre d'individus acquis à sa cause.

Il portait déjà un charisme suffisant pour asseoir son discipolat et se faire drainer un nombre impressionnant de disciples prêts à faire sa volonté et amener à exécution ses instructions.

David, en ce moment de sa vie, pouvait être animé de bonnes ou de mauvaises intentions dans ses décisions cependant, il y avait déjà des gens qui avaient tellement cru et mis leurs confiance en lui et étaient même prêts à le suivre dans toutes les décisions qu'il prenait.

Et nous aurions souligné le cas de David dans le chapitre relatif aux différents exemples bibliques du discipolat.

Réf bibliques : Mathieu : 9 V 14 ; 14 V 12.

Alors les disciples de Jean vinrent auprès de Jésus, et dirent :

Pourquoi nous et les pharisiens jeûnons-nous, tandis que tes disciples ne jeûnent point ?

Jésus leur répondit : Les amis de l'époux peuvent-ils s'affliger pendant que l'époux est avec eux ?

Les jours viendront où l'époux leur sera enlevé, et alors ils jeûneront.

Les disciples de Jean vinrent prendre son corps, et l'ensevelirent.

Et ils allèrent l'annoncer à Jésus.

De cet extrait de versets ci-dessus, nous découvrons un autre cas dont celui des disciples du prophète Jean Baptiste qui allaient se plaindre auprès du seigneur Jésus par rapport à une attitude qu'ils jugeaient inappropriée à la culture juive et la tradition de leur communauté.

Cependant, ce serait l'occasion au seigneur Jésus de révéler le sens étymologique du mot disciple lequel correspond à l'ami, comme celui avec qui l'on partage ses valeurs et des choses susceptibles de se créer les mêmes images et ressemblances.

Il faut souligner que le disciple est supérieur à un simple serviteur toutefois, le serviteur accompli peut devenir un disciple afin de pouvoir représenter dignement et valablement son leader ou son maître.

Et nous tournons ainsi la page du cas du prophète Jean Baptiste dans le cadre des exemples bibliques du discipolat.

Réf bibliques : Jean : 8 V 30 - 32.

Comme Jésus parlait ainsi, plusieurs crurent en lui.

Et il dit aux juifs qui avaient cru en lui : Si vous demeurez dans ma parole, vous êtes vraiment mes disciples ;

Vous connaîtrez la vérité, et la vérité vous affranchira.

Ainsi, juste ce petit extrait pour aborder le cas du seigneur Jésus, qui à son tour viendra rendre témoignage de son Père selon la vérité aux juifs qui déjà étaient divisés sur plusieurs sujets d'ordre religieux et doctrinaux.

Le seigneur Jésus, en ce moment allait entreprendre une démarche de semeur, et ainsi sèmera sa parole comme des grains de semence dans les terres que représentaient les vies des juifs qui l'écoutaient.

Voilà pourquoi il ne sera pas seulement préoccupé par leurs intérêts à l'endroit de la parole et allait même les appeler à la garder et à la serrer comme un précieux trésor à l'intérieur de leurs cœurs afin de profiter des avantages liés à la connaissance de ladite parole laquelle est en réalité lui-même, ce qu'il ne manquera de le leur souligner en fin de conseil.

Il insistera sur la nécessité à eux de demeurer dans sa parole et celà afin de connaître ou de découvrir la vérité laquelle les affranchira.

Mais de quoi les affranchira t'elle ?

Et il faut dire que plusieurs de ceux qui l'écoutaient en ce moment n'étaient pas d'accord avec lui pour ce qu'il disait, surtout qu'il leur parlait de leur affranchissement.

Ce qu'ils y poseront un refus catégorique, s'estimant ne jamais être esclaves pour espérer une quelconque délivrance.

Et pourtant, ils en avaient vraiment besoin pour s'affranchir de leur ignorance et de toutes les interprétations erronées dont ils faisaient preuve dans leur relation avec Dieu.

Le seigneur Jésus finira par convaincre certains parmi eux pour la naissance des apôtres et au travers d'eux, l'église pour perpétuer la mission relative au gain des âmes par la foi en son nom et en son œuvre.

Et ce sera le dernier cas en exemples de discipolat biblique, concernant le chapitre soumis à l'étude.

Il nous plaît cependant de rappeler qu'il y a autant d'exemples que nous pourrons tirer des saintes écritures pour en servir de commentaires, toutefois, ce peu que nous venons de mettre à la disposition de nos lecteurs reste largement suffisant pour équiper plusieurs sur les notions du discipolat.

Conclusion

Nous nous estimons très satisfaits du travail abattu dans le cadre des différents chapitres développés à travers cet ouvrage qui est d'une importance capitale en réponse à la situation chaotique que traverse la foi chrétienne dans ces derniers temps lesquels exigent des ouvriers de la défense de l'Evangile, un redoublement d'ardeur et de sacrifice pour barrer la route à tout ce qui est en train de briller par une clarté de séduction et qui n'ont absolument aucun pouvoir pour garantir le salut des âmes en déperdition.

Nous sommes vraiment très heureux de bénéficier une nouvelle fois du choix de l'Eternel Dieu, qui est suffisant en conseils et en actes, sur nous pour la concrétisation de ce digne projet littéraire.

C'est le lieu de saluer et de remercier tous ceux et celles qui ont contribué de proche ou de loin ; d'une manière ou d'une autre, à la mise en forme complète de ce livre, que nous estimons un outil suffisamment efficace pour ramener le grand nombre des croyants sur la parole de vérité laquelle reste la véritable source de paix et de repos pour nos âmes.

Nous reppelons à l'occasion que le disciple n'est pas l'équivalent du serviteur, toutefois pouvait le devenir en méritant davantage la confiance de son maître.

Le disciple ne se traduit par la copie de l'image physique de son leader ou son maître, mais plutôt la personnalité morale qu'incarne ce dernier, contrairement à ce qui est courant et d'actualité au sein de nos différentes communautés religieuses ou assemblées d'église.

Le discipolat est un concept qui repose non sur un individu si influent qu'il soit, mais sur un concept idéologique bien élaboré et bien pensé dans le but et l'objectif de sortir les hommes de leur ignorance pour la connaissance d'une vie épanouie et prospère.

Le discipolat du seigneur Jésus reste le meilleur destiné à l'homme, et approuvé de l'Eternel Dieu pour non seulement répondre à la question du péché, mais aussi la connaissance d'une vie affranchie de la peur et de toutes les sources auxquelles elle est rattachée, sachant bien que la peur reste la principale arme du malin et très efficace entre ses mains pour manipuler le croyant.

Le seigneur Jésus-Christ n'a pas institué l'église pour que les serviteurs puissent faire des fidèles leurs disciples, mais plutôt les siens au moyen d'une bonne compréhension du ministère de la réconciliation lequel tourne autour de la connaissance de l'Evangile dont l'acceptation produit des croyants à l'image et selon la ressemblance de Dieu.

Ils seront appelés : fils du Très haut, la justice de Dieu, la race des élus, des vrais adorateurs dans une approche spirituelle de vérité avec le Père, et celà à la seule gloire de l'Eternel.

Printed by Books on Demand GmbH, Norderstedt / Germany